Benny Blu

Bienen

Text von Doris Wirth und Tino Richter

Illustriert von Karl-Heinz Höllering

www.lama-verlag.de

Erkunde zusammen mit Benny Blu das Reich der Honigbienen!

Was passiert im Bienenstock? Wie macht man Honig? Und wer oder was ist eine Drohne?

Hast du schon einmal eine Biene gesehen? Sie hat zarte Flügel und ist schwarz-orange gestreift.

An ihrem Kopf sitzt der Rüssel. Damit saugt die Biene Nahrung. Am Hinterleib kann sie einen Giftstachel ausfahren.

Honigbienen leben mit
ihren Artgenossen in einem
Bienenstaat zusammen.

Das Zuhause der Honigbienen ist der Bienenstock. Meist sind das Körbe oder Kästen. Menschen stellen sie auf.

So sieht es im Bienenstock aus: Mehrere Holzrahmen reihen sich aneinander.

Die Bienen errichten darauf kleine Kammern aus Wachs. Sie heißen Zellen.

In den Zellen lagern die Bienen ihren Honig. Sie dienen auch als Kinderstube für den Nachwuchs.

Das Bienenvolk besteht aus drei Arten von Honigbienen:

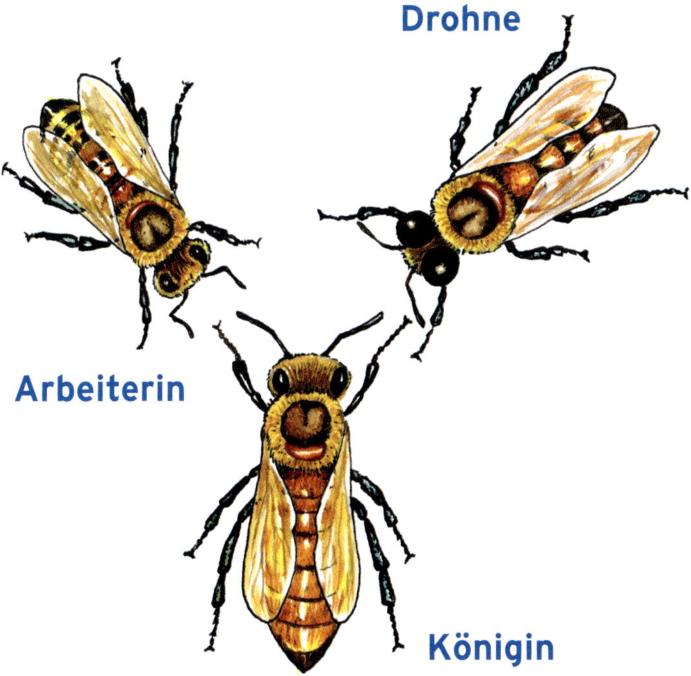

Die meisten
Bienen sind
Arbeiterinnen.
Sie putzen die
Zellen und
füttern den
Nachwuchs.

Außerdem
bewachen sie
den Stock und
vertreiben
Feinde.

Benny Blu Verhaltens-Tipp

Schwirrt eine Biene um dich herum, dann halte mucksmäuschenstill. Bienen stechen nämlich nur, wenn sie Angst haben.

Eindringlinge greift die Arbeiterin mit ihrem Giftstachel an. Hier hat sich eine Wespe ein-geschlichen.

Die Arbei-
terin sorgt
auch für
Futter. Mit
ihrem Rüs-
sel saugt
sie süßen
Blütensaft
auf. Dann
bringt sie
ihn zurück
in den
Stock.

Das Bienenmännchen nennt man Drohne. Drohnen arbeiten selbst nicht. Sie lassen sich von den Arbeiterinnen füttern.

Die Königin ist die Chefin im Bienenstock. Sie ist größer als alle anderen. Die Arbeiterinnen sorgen für sie.

Drohnen und Königin
gehen im Frühjahr
auf Hochzeitsflug.

Zurück im Bienenstock legt die Königin ihre Eier in den Zellen ab.

Aus den Mini-Eiern schlüpfen nach
einigen Wochen junge Bienen.

Magst du gerne Honig auf dem Brötchen? Bienen stellen ihn her.

Dafür saugen sie Blütensaft aus den Pflanzen, den Nektar.

Im Bienenmagen wird der Nektar zu Honig. Den fertigen Honig füllen die Bienen in die Zellen.

Bienenzüchter heißen Imker. Sie nehmen die Zellen aus dem Stock. Ihre Schutzanzüge halten Bienenstiche ab.

Eine Maschine
holt den Honig
aus den Zellen.

Benny Blu®

Die kunterbunte Bambini-Welt